Delfines fabulosos

James Buckley, Jr.

SCHOLASTIC INC.

¡Lee más! ¡Haz más!

Después de leer este libro, descarga gratis el libro digital.

Podrás demostrar tus destrezas de lectura.

Para Mac y PC

Comprueba lo que aprendiste.

Juega divertidos juegos con videos y sonidos.

Visita el sitio

www.scholastic.com/discovermore/readers

Escribe el código: **L2SPMRCRXF42**

Contenido

Originally published in English as *Dolphin Dive*
Copyright © 2014 by Scholastic Inc.
Translation copyright © 2015 by Scholastic Inc.

ISBN 978-0-545-79150-2

12 11 10 9 8 7 6 5 4 3 2 1   15 16 17 18 19/0

Printed in the U.S.A.   40
First Spanish edition, January 2015

Scholastic hace esfuerzos constantes por reducir el impacto ecológico de nuestros
procesos de manufactura. Para ver nuestras normas para la obtención de papel,
visite www.scholastic.com/paperpolicy.

Acróbatas del océano

¡Aquí están los acróbatas del mar! Los delfines se impulsan con la cola para saltar en el aire.

PALABRAS NUEVAS

salto de carnero
Los delfines dan **saltos de carnero** sobre el agua.

DILAS EN VOZ ALTA

¡Así es!

4

Los delfines saltan hasta 20 pies de

Les encanta mostrar sus destrezas.
¡Y hasta dan saltos de carnero!
Mira como saltan sobre el agua
y compiten entre ellos.

Saltos

Saltos de carnero

altura sobre el agua. ¡Qué habilidad!

¿Has visto un delfín nariz de botella saltando sobre el agua? Hay 42 tipos de delfines. La mayoría mide entre 5 y 8 pies de largo. La orca es el más grande. ¡Puede ser del tamaño de un autobús!

Delfín nariz de botella

Orca

Delfín oscuro

Delfines manchados

Delfín giboso

Algunos delfines viven en el agua dulce de los ríos. Tienen hocicos alargados. El delfín del río Amazonas puede ser rosado.

Delfines acróbatas

Delfín de lados blancos

Delfín del río Amazonas

Cosas de delfines

Esta inmensa orca llega nadando hasta la playa. ¡Y atrapa a una foca!

Los delfines parecen peces, pero son mamíferos. Los delfines no pueden respirar bajo el agua. Respiran aire, como nosotros. Como otros mamíferos, los delfines nacen vivos y la madre produce leche con la que alimenta a sus crías.

PALABRA NUEVA

mamífero
Los seres humanos, los perros, las vacas y los delfines son **mamíferos**.

DILA EN VOZ ALTA

MAMÍFEROS MARINOS

Morsa

León marino

Ballena

Nutria

Foca

Los delfines son los mamíferos acuáticos más veloces. El cuerpo del delfín es ideal para nadar. El agua resbala sobre su piel lisa. Los músculos de la cola lo impulsan para avanzar. Sus aletas lo ayudan a mantener o cambiar la dirección.

Los delfines respiran a través de un orificio llamado espiráculo.

Su hocico alargado lo ayuda a avanzar en el agua.

¿Quién nada más rápido?

Macarela: 2 mph

El ser humano más veloz (mamífero): 5,5 mph

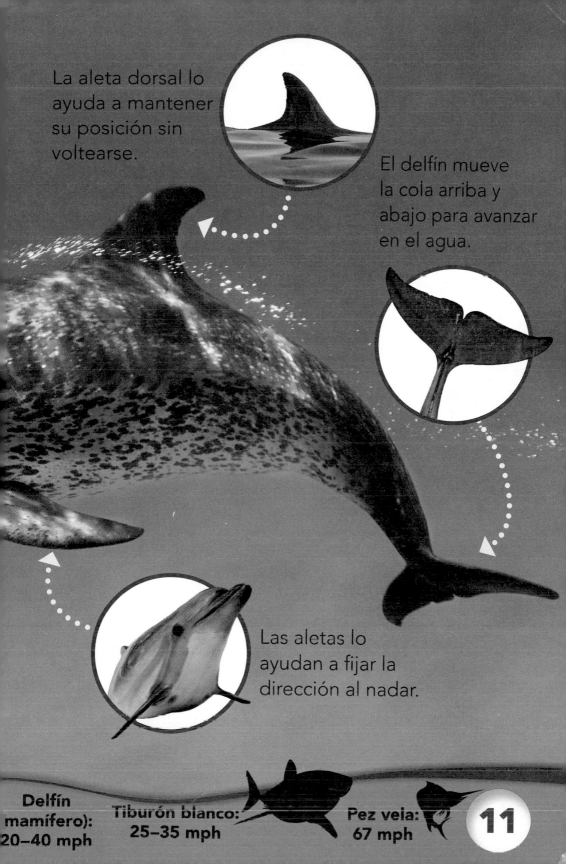

La aleta dorsal lo ayuda a mantener su posición sin voltearse.

El delfín mueve la cola arriba y abajo para avanzar en el agua.

Las aletas lo ayudan a fijar la dirección al nadar.

Delfín (mamífero): 20–40 mph

Tiburón blanco: 25–35 mph

Pez vela: 67 mph

11

En manada

Los delfines casi nunca están solos.
Viven en grupos llamados manadas.
La manada tiene de 15 a 20 miembros.
Los delfines se ayudan unos a otros a
cazar y cuidar las crías.

¡Así es!

Cuando varias manadas de delfines se unen

NOMBRES DE GRUPOS DE ANIMALES

Colonia de cangrejos

Banco de almejas

Colonia de pingüinos

Colonia de medusas

Banco de peces

Banco de anguilas

forman supermanadas de hasta 1.000 delfines.

Cuando una hembra de delfín pare, otros miembros de la manada la ayudan. ¡Y a veces hasta hacen de niñera! La hembra del delfín tiene una cría en cada parto.

La madre enseña a la cría a cazar y a protegerse.

La madre lleva a su cría a la superficie para respirar. La cría toma la leche de su madre por unos 18 meses. La cría vive con la madre por 5 años. A veces las crías se quedan en la misma manada toda la vida.

LAS CRÍAS

PONEN HUEVOS	PAREN CRÍAS VIVAS
Cangrejo	Morsa
Muchos peces	Dugón
Pulpo	Ballena

¡Lo mejor de vivir en la manada es tener con quién jugar! A veces los delfines se persiguen como si jugaran al corre que te pillo.

Los delfines se lanzan burbujas unos a otros.

¡Este delfín está jugando con una hoja!

Algunos delfines son tímidos. ¡Y a otros les encanta alardear! Se lanzan algas unos a otros y sostienen cosas sobre el hocico. Incluso les gusta jugar con burbujas.

Los delfines se tocan para saludarse.

Los delfines reconocen a sus mejores amigos.

A los delfines les gusta perseguirse.

PALABRA NUEVA

presa
Los delfines cazan
a sus **presas** para
comérselas.

DILA EN VOZ ALTA

18

¡A comer!

Macarelas

Cuando el delfín tiene hambre, sale a buscar su comida preferida: peces, calamares o un sabroso pulpo. El delfín busca su presa con su aguda vista. Cuando ve un pez, lo persigue a toda velocidad y lo atrapa entre sus dientes pequeños y afilados. En unos segundos, se lo traga entero.

Calamares

Sábalo

Los delfines no mastican con sus dientes. Los usan solo para atrapar a sus presas.

Camarones

Los delfines no solo usan la vista para buscar a sus presas. También usan el sonido. Emiten un sonido como un "clic" que se expande en el agua hasta chocar con la presa.

El eco de ese sonido regresa al delfín. ¡Y así sabe dónde está su presa!

Estos animales usan el eco para cazar.

Los delfines pueden hacer el sonido "clic" cientos de veces por segundo.

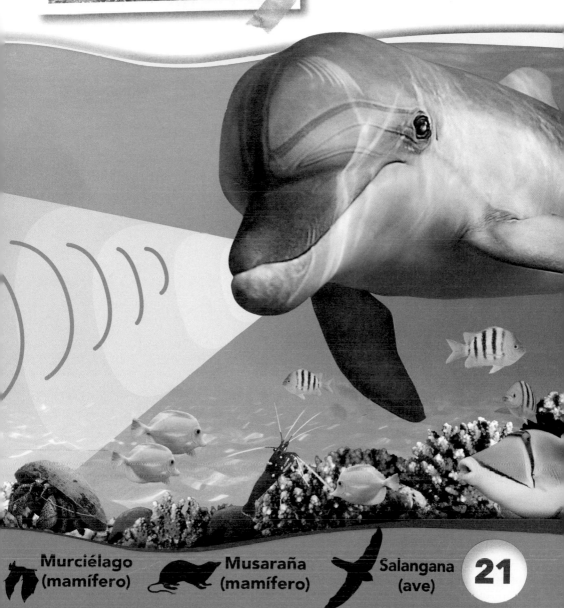

Murciélago (mamífero)   Musaraña (mamífero)   Salangana (ave)

¡Los delfines cazan mejor en grupo! Cuando un grupo de delfines halla un banco de peces, lo rodea. Nadan en círculo arreando los peces hasta que estos forman un círculo compacto. Entonces, por turno, los delfines se acercan a devorarlos. ¡Es un trabajo de equipo!

Estas aves se suman al festín.

arrear
Los pastores **arrean** el rebaño de ovejas hacia el corral.

Animales inteligentes

Los delfines son muy inteligentes. Usan su inteligencia para cazar y protegerse. Incluso usan herramientas. Cerca de Australia hay delfines que se ponen esponjas en el hocico cuando van a meterlo en la arena para buscar peces. Y los delfines hablan entre ellos. Cada uno tiene su propio sonido, casi como un nombre.

Charles Potter,
del Museo Nacional
de Historia Natural,
explica:

"No sabemos si los delfines tienen nombres como los seres humanos. Sí sabemos que se identifican con un silbido. Cada uno tiene el suyo propio".

Este delfín tiene algas en la boca.

Los delfines siempre han sido amigos de los seres humanos. Algunos han salvado a personas. Pero las personas les ocasionan problemas a los delfines. La basura contamina el agua. Los barcos hacen ruido. Los delfines a veces quedan atrapados en redes.

PALABRA NUEVA

contaminar
Las personas **contaminan** el mar cuando echan basura en él.

DILA EN VOZ ALTA

En 2007, un surfista fue atacado por un tiburón blanco. ¡Una manada de delfines lo salvó!

En 2008, un delfín llamado Moko rescató a dos ballenas que estaban varadas.

En la década del sesenta, un delfín llamado Flipper fue la estrella de un programa de televisión.

Dejemos que los delfines vivan en paz. Mantengamos limpias las playas. Tengamos más cuidado al pescar.

Estos bellos animales necesitan nuestra ayuda para seguir saltando alegremente sobre las olas.
Su futuro depende de nosotros.

Glosario

acróbata
Persona o animal que
hace piruetas.

agua dulce
Agua que no es salada.

aleta
Parte plana del cuerpo del
delfín que le sirve para nadar.

aleta dorsal
Parte plana y vertical que
tiene el delfín en el lomo.

arrear
Hacer que un grupo de
animales se muevan juntos.

banco de peces
Grupo de peces que
nadan juntos.

calamar
Animal marino de cuerpo
muy suave y alargado que
tiene diez tentáculos.

contaminar
Ensuciar.

cría
Animal joven.

eco
Sonido que rebota al
chocar contra un objeto.

espiráculo
Orificio que tienen los
delfines en la parte superior
de la cabeza para respirar.

¿Alguna vez has visto a un delfín jugando y saltando sobre el agua?

esponja
Animal marino de cuerpo suave y lleno de agujeros.

hocico
Parte alargada de la cabeza del delfín.

mamífero
Animal de sangre caliente. Los mamíferos respiran aire y alimentan a sus crías con la leche que produce la madre.

manada
Grupo de delfines o de otros animales. A veces dos o más manadas de delfines se unen y forman una supermanada.

músculo
Tejido animal que hala los huesos para hacer que se muevan.

presa
Animal que es cazado por otro animal para que le sirva de alimento.

salto de carnero
Pirueta que consiste en darle una vuelta completa al cuerpo en el aire.

varado
Quedar abandonado o atrapado en aguas poco profundas.

Índice